Las tentaciones del castrismo

Pedro Corzo

Instituto de la Memoria Histórica
contra el Totalitarismo.

Prólogo

En su discurrir diverso, la América Latina conoció tiranías trágicas: Stroessner, Pérón, Trujillo, Pérez Jiménez, Odría, Batista, Somoza, Castelo Branco, Torres, Velasco, Videla, Pinochet... Dictaduras con patético antifaz democrático: Ortega, Chávez, Correa, Zelaya, Evo Morales... Y regímenes autoritarios también de alarde democrático: Allende, Lula, Kirchner y ahora López Obrador.

Todos esos regímenes en distintos grados, exhiben en común la corrupción, el continuismo y el abuso de poder. Pero el despotismo más feroz, duradero, y ruinoso para su propio páis y resto del continente, ha sido el de los hermanos Fidel y Raúl Castro de Cuba.

Para describir las circunstancias, evolución, persistencia y sobre todo extrema perversidad del modelo castrista, Pedro Corzo, periodista de inspiración, rigor analítico y reciedumbre, presidente del Instituto de la Memoria Histórica Cubana contra el Totalitarismo, nos entrega este su nuevo libro muy útil, porque sobre la Cuba de las últimas seis décadas, ahora más que nunca hay que contar la verdad.

A pesar del fracaso político, económico y moral de su imposición comunista en Cuba; de la derrota en todo el hemisferio de su empeño, junto al violento Che Guevara, en imponer por las armas el fantasma del comunismo; y de la evidencia de la inutilidad del propósito de implantar el modelo marxista en naciones como Venezuela, Bolivia y Nicaragua, aprovechando a la democracia para destruir la democracia, Fidel Castro, muerto sin redención, sigue teniendo entusiastas seguidores en los cuatro puntos cardinales del planeta.

El sentimiento antinorteamericano, nuestra cultura populista, la antipolítica, la información como espectáculo, la capacidad del estado cubano para la propaganda, espionaje, represión, subversión en otros países y, sobre todo, la imagen de Fidel como gran vengador de los resentidos del orbe, ayudan a entender por qué un tirano como él, todavía despierta simpatías.

Pero aquí está este libro de Pedro Corzo, breve, sencillo y leal a la verdad histórica. Un poderoso instrumento para desbaratar el engaño, para que la gente conozca al Castro real, uno de los más brutales déspotas de nuestro tiempo.

Alexis Ortiz.
Escritor venezolano.

Las tentaciones del castrismo

Cuba. Totalitarismo y Resistencia.

El régimen cubano es la única dictadura con proyección transnacional que ha conocido el continente. Un régimen que ha victimizado a sus ciudadanos, pero también a otros de muchos países por su naturaleza subversiva e imperialista.

El modelo castrista es un acicate para todos los que anhelan llegar al poder, y como Dioses, manejar la realidad a su conveniencia e intereses. El castrismo es una fórmula que ofrece al aspirante a déspota todos los recursos pertinentes para controlar la política y la economía, conducir la sociedad por la ruta que se le antoje, cambiar el pasado para construir un presente y futuro a su medida y moldear al hombre a su imagen y semejanza. La receta del castrismo no incluye la mala práctica porque siempre está en un proceso de rectificación y nueva promesas.

Este trabajo está básicamente orientado a denunciar el totalitarismo cubano, además, a cualquier gobierno que viole los derechos ciudadanos sin importar ideologías o naturaleza, también a demostrar que un amplio sector del pueblo cubano desde 1959 a la fecha, de forma ininterrumpida, dentro y fuera de la Isla, ha combatido al régimen castrista.

Un número importante de países del hemisferio siguen padeciendo los males del populismo, la demagogia y el marxismo y sus consecuencias más inmediatas y abarcadoras, la intolerancia, el sectarismo y la miseria, además de la falta de conciencia ciudadana de no asumir que los derechos no se transfieren a ningún caudillo, por aparentemente justas que sean sus propuestas y denuncias.

La consecuencia más costosa en términos humanos y materiales de esa irresponsabilidad de un amplio sector ciudadano, ha sido Fidel Castro en Cuba y los más recientes casos de Hugo Chávez, Venezuela; Evo Morales, Bolivia y Daniel Ortega, Nicaragua; sin que dejen de llamar la atención el poderío de corrientes populistas en países como Argentina y Brasil y muy particularmente el caudillo hondureño Manuel Zelaya, quien también fue seducido por las propuestas castrochavistas.

Cuba ha sido la victima más emblemática de propuestas salvadoras que generalizan la indigencia e incrementan las injusticias. La Isla ha sido sujeto de todos los males mencionados, razón por la cual sigue padeciendo un régimen de terror y horror desde hace más de sesenta años y lo más trágico, ha contado, a pesar de sus fracasos internos, con una clientela en el continente dispuesta a subvertir el orden político de sus respectivos países con el objetivo de imponer el modelo cubano.

Proyecto totalitario.

El establecimiento en Cuba de un régimen totalitario no fue consecuencia de la geopolítica o de factores ajenos a la nación, sino la esencia del proyecto de la facción insurreccional[1] que comandaron Fidel y Raúl Castro en las montañas orientales de la Isla y que se extendió por todo el país gracias a la intensa y eficiente labor desarrollada por el Movimiento 26 de Julio (M26J) y la incapacidad y corrupción del régimen militar impuesto el 10 de marzo de 1952[2], asimismo la mayoría ciudadana cedió sus derechos y prerrogativas a una facción, particularmente a un individuo con mentalidad faraónica, un sujeto que se creía Dios pero que hacia política.

Hay muchas evidencias de que la dirección insurrecta no favorecía el establecimiento de una sociedad democrática y menos restablecer la icónica Constitución de 1940[3], que fuera la promesa fundamental de los grupos insurgentes, particularmente el dirigido por los Castro.

Todo parece indicar que la dirigencia más cercana a los Castro estaba comprometida con un proyecto de régimen que procuraría la perpetuación en el poder, a la vez que ese poder se distinguiría en naturaleza y contenido de todos los que previamente habían existido en el país. Desde la propia Sierra Maestra, tanto Fidel como Raúl Castro habían sostenido conversaciones secretas con dirigentes del Partido Socialista Popular.

La política de exclusión del liderazgo del Movimiento 26 de Julio hacia otras vertientes insurreccionales se aprecia aun antes del triunfo de la insurrección, recordemos que Fidel Castro envió a Ernesto Guevara a las montañas del Escambray[4] para que sometiera incondicionalmente a las guerrillas que operaban en esa región al sur de la provincia de Las Villas y aprovechó el fracaso de la huelga general de abril de 1958[5] para fortalecer su liderazgo y ejercer un mayor control sobre las facciones que integraban el M26J, particularmente las que operaban en las zonas urbanas.

El año 1959, triunfo de la insurrección es, con sobradas evidencias, el año más trágico de la nación cubana en toda su historia, ya fuera por las decisiones del gobierno o por la histeria colectiva de la mayoría de la población y su clase dirigente ante el acontecimiento. La histeria colectiva de los que se sometían a la Revolución y el miedo y la inseguridad que dominó a los escépticos, favorecieron por igual el control sobre el ciudadano.

En aquel entonces los observadores desprejuiciados podían inferir que algunos de los sucesos[6] de ese año y las disposiciones de las nuevas autoridades, dejaban vislumbrar que en el país se estaba imponiendo una dictadura fundamentada en el populismo y la capacidad de manipulación del líder del proceso, tampoco faltaban los que denunciaban la influencia y presencia de comunistas en los mandos de la revolución.

No obstante, y a pesar de esta conclusión, cuando se medita sobre la historia reciente de Cuba es preciso pensar sobre la extrema facilidad con la que el liderazgo moncadista[7] pudo infiltrar la conciencia individual y colectiva de un sector importante de la nación, lo rápido que logró instrumentar los controles necesarios para subordinar la población a sus propósitos, mientras impulsaba la gestación de una conciencia de indefensión en la mayoría ciudadana.

Sería muy conveniente conocer cuáles fueron los factores determinantes para que un sector significativo de la sociedad cubana se identificara plenamente con la personalidad de Fidel Castro, quien a su vez pretendía encarnar las más puras ambiciones de la nación, inaugurando una política de Refundación Nacional copiada posteriormente por el denominado Socialismo del Siglo XXI.

Fidel Castro procuró que la población lo identificara con Cuba, que lo vieran como el único capaz de interpretar las necesidades de la Patria, a su vez, era el adalid de la Revolución, con toda la magia que ese término ha ejercido en el imaginario popular cubano. En fin, Fidel fue para muchos cubanos una especie de Santísima Trinidad, porque él era, Cuba y la Revolución.

Fidel, que con éxito se había desenvuelto entre los pandilleros de la Universidad de La Habana, impulsó la creación de un mito alrededor de su persona y de todo el proceso insurreccional y de gobierno. Promovió la percepción de que todo lo sabía y podía, que era el máximo hacedor de la justicia por ser la representación más genuina de la equidad y entereza.

En esta labor le fue muy útil su carisma personal que incomprensiblemente no le favoreció en sus pretensiones de ser dirigente estudiantil universitario, tampoco en su afán de ser representante a la Cámara, no obstante, esa condición se mostró después del golpe militar del 10 de marzo y en particular, a partir del triunfo de la insurrección.

Castro logró una especie de conexión personal con amplias capas de la población. Sus constantes apariciones en la televisión[8], sus largos discursos de estilo coloquial, aparentemente "embrujaron" a muchas personas que llegaron al convencimiento de que el sujeto de la pequeña pantalla nunca haría nada que afectara al pueblo y que como un Cid Campeador siempre estaría listo para su defensa.

Una parte importante de la población consideró por mucho tiempo que Fidel era su amigo. Lo tuteaban, no lo miraban como jefe de estado y menos como el "amo de los paredones", nombrado así por las aproximadamente cinco mil personas que ordenó fusilar. El tirano era visto por la mayoría de sus conciudadanos como un vecino cordial y generoso, visión que reflejaban muchas de las consignas de la época, "Fidel esta es tu casa" y "Si Fidel es comunista, que me pongan en la lista".

El nuevo régimen desde su arribo al poder trabajó arduamente para alterar la historia nacional, cuestionando hechos y personalidades de la época colonial y de las luchas independentistas, sin embargo, la destrucción de los valores republicanos y desacreditar la mayoría de las figuras públicas de ese periodo fue su principal objetivo, tarea a la que se sumó un número importante de intelectuales y medios de comunicación, que favorecieron, algunos inconscientemente y con mucha ingenuidad, la gestación de un clima de frustración republicana en la mayoría ciudadana, percepción que sirvió a la dirigencia revolucionaria para hacer avanzar, sumado a otros factores, el proyecto totalitario que muy pocos esperaban, incluidos amplios sectores identificados con el proceso castrista.

El pensamiento oficial, ampliamente divulgado y convertido en política de estado, que se repetía en todos los medios de información, escuelas y actos gubernamentales, describía a Cuba como un basurero al servicio del dinero y de los estadounidenses, situación, según la propaganda, había sido revertida gracias a la victoria revolucionaria del primero de enero de 1959.

La propaganda a favor del régimen fue apabullante. Surgieron consignas y se "crearon" historias que todavía son útiles al totalitarismo. Una de esas historias fue publicada por primera vez por la popular revista Bohemia cuando aseguró que el régimen de Fulgencio Batista había asesinado a 20,000[9] personas y que la lucha en la Sierra Maestra[10] había sido toda una epopeya digna de ser cantada por un Homero contemporáneo.

La intensa y extensa campaña de desprestigio del nuevo orden contra la República y sus logros estaba orientada a crear una nueva historia, un nuevo pasado que avergonzara a la ciudadanía y que sirviera para educar a las futuras generaciones a la medida y conveniencia de la casta del 26 de Julio.

Un falso pasado que a pesar de los múltiples fracasos cosechados por el castrismo siguen formando parte importante del inventario

de diatribas y mentiras del régimen que los conversos, a veces
también los renegados del totalitarismo, siguen usando en sus
manifestaciones públicas[11], en ocasiones para justificar la vieja
militancia.

No hay dudas que el país había padecido serios problemas y en-
frentado agudas crisis institucionales, pero no más traumáticas
que las sufridas por el resto de los países del hemisferio. Todavía
más, hay pruebas que demuestran que Cuba se encontraba económica y socialmente por encima del promedio latinoamericano.

Fidel Castro, que siempre actuó como un Faraón, se rodeó de una
corte servil y laboriosa en lo que respecta a la conservación y ex-
pansión del poder. Fueron individuos que con extrema habilidad
instrumentaron una política de concentración del poder en una
persona, aportándole al régimen un fuerte hálito mesiánico y pro-
videncial que en el imaginario colectivo de muchos ciudadanos,
cubanos y un número importante de extranjeros, era uno de los
fundamentos para el establecimiento de una sociedad justa y de
derechos, una especie de sincretismo religioso-político que condujo al establecimiento en Cuba de una caricatura criminal de un
régimen teocrático.

El Nuevo Orden se desempeñaba más como una secta religiosa
que como fuerza política. La fe en las propuestas y planes oficiales tenía que ser incondicional y ciega. La obediencia absoluta
porque la Revolución, como si fuera un ente con vida propia, lo
sabía todo y hasta era capaz de conocer los pensamientos más ín-
timos del ciudadano más insignificante, una especie de Gran
Hermano, "orwelliano".

El nuevo orden implementó una estrategia que sumaba a la capacidad de seducción del caudillo, las promesas de una vida
mejor, el resentimiento y la frustración de los miserables, la en-

vidia y el odio a las clases sociales más favorecidas y la denos-
tación sistemática de las obras de la República, consideraciones
que favorecían la convicción de un nuevo alumbramiento como
nación, con el derivado de que se promovió la percepción de que
todos los ciudadano habían aportado al ignominioso pasado, por
lo tanto, contraído una responsabilidad, una culpa, que podía ser
cobrada por las nuevas autoridades si ese potencial culpable no
se incorporaba al proyecto revolucionario.

Ese ambiente de congregación religiosa en el que todos pugnaban
por ser el más obediente al sumo pontífice y el más convencido
de la viabilidad del mundo prometido fue saturado con miedo,
un miedo visceral de no ser capaz de interpretar los designios de
la cúpula o caer en falta por simple ignorancia.

La inseguridad prendió en todo el país. La cárcel o la hoguera, el
paredón de fusilamiento, estaba al alcance de todos. La salvación
estaba en la sumisión absoluta. El régimen hacia públicas sus
sanciones, no ocultaba sus asesinatos, la prensa oficial se rego-
cijaba pidiendo paredón e informando sobre las ejecuciones[12].
Todos estaban advertidos, los errores se pagaban caros y los que
tenían que ver con la fidelidad a la Revolución con la vida.

El miedo se extendió de un extremo a otro de la isla, mezclado
con un sentimiento de esperanza, tal y como le expresara al doctor Salvador Lew y al que escribe, el prestigioso economista cubano José "Pepe" Illán[13], "Nos debatíamos entre el miedo y la
esperanza, pero solo un año después, la esperanza murió, y solo
quedó el miedo".

El resultado inmediato de la mezcla de ambos sentimientos fue
el temor generalizado, la delación y la vigilancia mutua con el
objetivo de denunciar antes de ser denunciado. El país empezó
un proceso de paralización, particularmente en el sector econó-

mico, por temor a ser acusado de sabotaje si ocurría una catástrofe.

El disentimiento era herejía y los apóstatas eran aplastados. Al férreo control interno se sumó una política exterior agresiva con pretensiones imperiales que procuraba extender la influencia de la Revolución Cubana a la mayor cantidad posible de países, con el objetivo final de llevar al poder a sus aliados que clonarían el modelo castrista y servirían como una protección más en la defensa de padre revolucionario.

No fue una política de sobrevivencia, era simple y llanamente una estrategia hegemónica que se pudo vislumbrar cuando Fidel Castro dijo "¡comprometámonos a seguir haciendo de la patria el ejemplo que convierta la Cordillera de los Andes en la Sierra Maestra del continente americano!"[14]. Por otra parte, el conflicto con Estados Unidos, parafraseando al Nobel Gabriel García Márquez, fue la Crónica de una Guerra Anunciada, porque en 1958, en la Sierra Maestra, antes del triunfo de la insurrección, le escribió a su secretaria Celia Sánchez Manduley, "Cuando esta guerra se acabe, empezará para mí una guerra mucho más larga y grande: la guerra que voy a echar contra ellos. Me doy cuenta [de] que ése va a ser mi destino verdadero".[15]

En el propio año 1959 en Cuba se organizaron cuatro expediciones armadas contra igual número de países, Panamá, Haití, Nicaragua y República Dominicana, labor subversiva que se extendió por años formándose en la isla escuelas de guerrilleros urbanos y rurales, constituyéndose células terroristas que transformaron a Cuba en el centro logístico de la mayoría de los grupos subversivos que operaron en América. Operaciones insurgentes que contaron con la participación de militares cubanos en activo[16].

La labor de exportar la Revolución fue paralela a una política de fortalecimiento y control al interior del país. La soberanía del ciudadano fue supeditada a los intereses de la Patria, léase Fidel y la Revolución. El individuo fue absorbido por la masa y sus bienes puestos exclusivamente al servicio de la Revolución.

La voracidad totalitaria se engulló la sociedad civil cubana.

Se extinguió la libertad de prensa y todos los medios de información pasaron al control del estado, la independencia del movimiento sindical desapareció, los colegios profesionales fueron abolidos, los partidos políticos eliminados, la educación, que se transformó en instrumento para el adoctrinamiento, se fundamentaba en un culto ciego a la Revolución y a la cúpula moncadista con Fidel Castro como un Dios Mayor dispuesto a dispensar favores y castigos a sus vasallos en base a la conducta.

El principal objetivo de Fidel Castro y sus asociados era el control absoluto del poder, contar con la certeza de que no había en el país una corriente política o de pensamiento que pudiera retar su hegemonía, de ahí el rápido embate a las religiones, en particular a la Iglesia Católica.

En pocos meses la influencia de las religiones en Cuba disminuyó drásticamente, centenares de sacerdotes y monjas fueron desterrados[17] y la cantidad de feligreses fue decayendo peligrosamente porque el pensamiento oficial era el ateísmo. Confesiones religiosas como los Testigos de Jehová fueron brutalmente reprimidas y muchos de sus feligreses encarcelados solo por sus creencias y prácticas.

El liderazgo del régimen inició un proceso para consolidar todas las fuerzas insurrectas que combatieron el gobierno depuesto, una especie de Frente Nacional en la que permanecería como único protagonista el M26J. Previamente el Segundo Frente Nacional del Escambray se había auto disuelto y rechazado formar parte del gobierno revolucionario.

El primer resultado de esta tarea fue la constitución de las ORI, Organizaciones Revolucionarias Integradas, 1961, entidad a la que se integraron el Movimiento 26 de Julio, el Partido Socialista Popular dirigido por Blas Roca y el Directorio Revolucionario 13 de Marzo conducido por Faure Chomon. Uno de los designados para dirigir este aparato fue Aníbal Escalante, un viejo comunista con el que Fidel Castro muy pronto confrontó.

El experimento de las ORI duró muy poco tiempo porque de inmediato se inició un proceso de reorganización que culminó con la desaparición de las siglas y la fundación del Partido Unido de la Revolución Socialista de Cuba, PURSC, 1962, constituyéndose un partido único de carácter revolucionario, que dio paso posteriormente a la creación del Partido Comunista de Cuba, del que Fidel Castro fue su Secretario General.

El totalitarismo creo una parodia de sociedad civil con la constitución de entidades como la Federación de Mujeres Cubanas y los Comités de Defensa de la Revolución, las sociedades profesionales fueron sindicalizadas y sus dirigentes, al igual que en el resto de las estructuras del país, tenían que ser devotos militantes de la revolución.

Se constituyeron muchos organismos de masas, entre ellos la Unión de Pioneros de Cuba, una sentina que tenía como objetivo formar a los herederos del castrismo. Todas estas organizaciones eran políticas, en consecuencia, servían a la revolución de manera incondicional, a la vez que se usaban para fiscalizar la conducta del militante y tenerlos encasillados en todos los momentos de su vida.

Integrar una de estas organizaciones revolucionarias era una muestra de lealtad al proceso castrista, no sumarse a las mismas era una especie de rebeldía, de insubordinación al orden establecido, que en caso de un proceso policial, era un agravante para el acusado. Esta poderosa maquinaria, cuya cúpula es la policía política, tiene a todos entrampados, a la mayoría por su participación y a la minoría por su ausencia.

Si la verdadera sociedad civil, la que no tiene amarras gubernamentales, con todo lo que de ella se deriva, fue la más atormentada por el modelo totalitario, la economía no quedó a la zaga.

La gestión económica pasó a ser predio absoluto del estado. Los grandes propietarios, nacionales o extranjeros fueron los primeros afectados, pero paulatinamente, en muy poco tiempo, la actividad económica independiente, por pequeña que fuera, fue desapareciendo y quienes faltaran a las reglamentaciones oficiales eran sancionados con prisión. Consecuentemente, el miedo y la escasez se extendieron como una furiosa plaga con los perniciosos resultados de una ineficiencia y corrupción generalizada que abarcó el país, ampliándose el desaliento que contaminaba todos los niveles de la sociedad.

La ambición de poder y control fue tal que en 1968 se inició la Ofensiva Revolucionaria, "que de acuerdo con datos publicados por el periódico Granma en marzo de aquel año, se confiscaron 55.636 pequeños negocios, muchos operados por una o dos personas, entre ellos 11.878 comercios de víveres (bodegas), 3.130 carnicerías, 3.198 bares, 8.101 establecimientos de comida (restaurantes, friterías, cafeterías, etc.), 6.653 lavanderías, 3.643 barberías, 1.188 reparadoras de calzado, 4.544 talleres de mecánica automotriz, 1.598 artesanías y 3.345 carpinterías[18].

Negocios tan humildes como una barbería o un modesto reparador de zapatos desaparecieron, eran actividades económicas en las que no se enriquecía nadie pero el Estado quería controlarlas, por lo que creó consolidados de esos servicios que empobrecieron aun más al país, a la vez que aquellas personas que clandestinamente seguían cortando pelo, reparando zapatos o una bicicleta, eran condenadas a elevadas penas de cárcel.

Sin duda alguna, el cierre de los pequeños negocios afectó profundamente la capacidad productiva de la sociedad repercutiendo negativamente en la economía y acentuando las posibilidades de que la comunidad no estuviera en capacidad de satisfacer sus necesidades. Esa fue una medida que entre sus múltiples propósitos estaba centrada en procurar una mayor dependencia del ciudadano del estado y en adoctrinar a las nuevas generaciones a acatar los dictados de las autoridades.

La dictadura siempre procuró implantar una nueva moral fundamentada en la austeridad y la frugalidad y en un profundo y fuerte compañerismo, sin embargo, mientras impulsaba el ascetismo y una fidelidad ciega a las divinidades revolucionarias, favorecía la ruptura de la familia incentivando a los jóvenes a actuar contra las opiniones de sus padres, a la vez que se generaban condiciones que facilitaban la promiscuidad sexual, la chabacanería, el mal uso del lenguaje, creando un ambiente social en el que la mala educación y la marginalidad era lo normal, afectándose profundamente la condición humana de los ciudadanos.

El gobierno utilizó todos los recursos posibles para profundizar y extender el control sobre los habitantes y violentó todos los derechos reconocidos por la Declaración Universal de los Derechos Humanos.

El régimen nunca escatimó esfuerzos para crear un hombre-masa que acatara ciegamente sus disposiciones, hizo todo lo que consideró viable para formar sujetos que fueran ciegos creyentes en el proyecto castrista y que trabajaran para engrandecerlo, pero fracasó rotundamente en esa obsesión porque fue incapaz de formar el ansiado Hombre Nuevo, un autómata que sirviera incondicionalmente al sistema, si bien no se puede negar que tuvo éxito al producir clones de Fidel Castro, porque en la Isla no faltan individuos que odian el trabajo, no cuentan con ética laboral ni social, son depredadores de oficio, envidiosos y resentidos, capaces de matar y destruir por tal de lograr sus objetivos, sujetos que no se sienten identificados con su país y que solo ambicionan el éxito personal sin tener en cuenta los medios y las consecuencias.

Tampoco logró impedir que en las generaciones emergentes aparecieran ciudadanos con todos los defectos y virtudes que han caracterizado históricamente el ser y hacer cubano. En este aspecto clave del proyecto el fracaso de la dictadura fue rotundo, como lo ejemplifica que 60 años después de establecerse la tiranía, más de un centenar de cubanos, en su mayoría nacidos con posterioridad al triunfo de la insurrección, se encuentran o han estado tras las rejas, como la activista Melkis Faure y el doctor Eduardo Cardet[19], o han muerto en huelgas de hambre como Orlando Zapata Tamayo,[20] 2010 y Wilmar Villar Mendoza[21], 2012, o sufrido una mortal golpiza como Wilfredo Soto García[22], 2011.

A pesar de la fuerte represión y el ordenamiento de que quien no fuera victimario sería víctima, en la isla se gestó una pronta resistencia, protagonizada fundamentalmente por la clase más desposeída del país, el campesinado, conducida por muchos de los que combatieron en las filas insurrectas contra el régimen de Batista.

Numerosos oficiales del Ejército Rebelde y dirigentes de la lucha clandestina, no ocultaban su descontento con el rumbo que tomaba la Revolución que habían ayudado a llegar al poder, ese disgusto era compartido por miembros del Consejo de Ministros como Manolo Ray, Rufo López Fresquet, el comandante Humberto Sorí Marín[23], y otros militares relevantes como los comandantes Jaime Costa Chávez, Huber Matos y Pedro Luis Díaz Lanz, pero mayoritariamente por personas menos notables en el servicio público, aunque sí de gran prestigio en los círculos revolucionarios, como Rogelio Cisneros, Israel Abreu, Orlando Bosch, Pedro Luis Boitel[24] Joaquín Agramonte y Eduardo García Moure, entre muchos otros.

En esta contienda participaron todas las clases sociales, incluido el sector obrero, cuyos dirigentes provenientes del Movimiento 26 de Julio, entre ellos David Salvador, Pedro Forcade, Telesforo Fernández y Gabriel Hernández Custodio integraron la vanguardia de la lucha contra el incipiente totalitarismo.

A los seis meses del triunfo insurreccional Fidel Castro patrocinó un golpe de estado contra el presidente Manuel Urrutia Lleó, la persona que él había propuesto para la primera posición de la República. El jefe de la Fuerza Aérea, comandante Pedro Luis Díaz Lanz tuvo que asilarse en Estados Unidos y el también comandante Huber Matos, con una veintena de clases y oficiales, todos veteranos de la Sierra Maestra, fueron a prisión por denunciar la penetración comunista y el rumbo dictatorial del proceso.

Parte importante del proyecto totalitario era estrechar los lazos políticos, militares y económicos con la extinta Unión Soviética, por eso ya en febrero de 1960 se presentaba en La Habana una exposición soviética, aunque también se sentía y veía el repudio de una parte importante de la población a ese acercamiento, como fue la protesta que estudiantes universitarios cubanos protagonizaron cuando el vice premier soviético Anastas Mikoyan fue a colocar una ofrenda floral a la estatua de José Martí[25] en el Parque Central de la capital.

Fidel Castro encajó a Cuba en la denominada Guerra Fría protagonizada por Estados Unidos y la extinta Unión Soviética, dos de los componentes más dramáticos de este conflicto en el contexto cubano fue la expedición de la Brigada 2506[26] que desembarcó en Cuba en abril de 1961 y la Crisis de los Misiles de 1962[27], una situación que abocó al mundo al desastre nuclear y que Fidel Castro atizó con furia cuando le escribió a Nikita Jruschov, "Si la segunda variante tiene lugar y los imperialistas invaden Cuba con el objetivo de ocuparla, los peligros de su agresiva política son tan grandes después de esa invasión que la Unión Soviética no debe permitir circunstancias en las que los imperialistas puedan llevar a cabo un primer ataque nuclear"[28].

Resistencia.

El proceso de confrontación fue muy cruento, particularmente en la primera década en la que se estableció y consolidó el poder totalitario.

La confrontación de un sector del pueblo contra el régimen llevó a la muerte aproximadamente a diez mil personas entre fusilados, muertos en combate y desaparecidos. Las prisiones han albergado en estos 60 años a más de medio millón de personas que han estado tras las rejas entre un día a treinta años como fue el caso de Mario Chanes de Armas, atacante al Cuartel Moncada y expedicionario del Granma, que decepcionado de la Revolución la enfrentó con mucho coraje.

La resistencia fue y ha sido constante. En 1959 se crearon los primeros movimientos clandestinos y se forjaron los primeros alzamientos, en 1960 había grupos guerrilleros operando de un extremo a otro de la isla, los insurgentes luchaban en llanos y montañas, se realizaron sabotajes de envergadura a instalaciones del régimen y a empresas confiscadas por el estado. El gobierno, en su continuo accionar represivo, instrumentó una campaña de desplazamiento forzoso de los campesino que obligó a decenas de miles de familia a abandonar su hogares y ubicarse en los lugares que las autoridades les asignaban.

Los campesinos desplazados en Cuba no fueron consecuencia de la violencia de los insurgentes, sino por disposición del gobierno de la Isla para evitar que los habitantes de las zonas rurales apoyaran a los insurrectos o se incorporaran a sus filas, una técnica cruel e inhumana pero que resultó muy exitosa para la dictadura.

Paralelo a este conflicto, cientos de miles de personas empezaron a abandonar la isla, unos para prepararse militarmente para retornar al país y otros tratando de rehacer sus vidas profundamente alteradas por el proceso político que padecían, una situación que se sigue repitiendo seis décadas más tarde porque son miles los cubanos conocidos como "Varados" que deambulan por cualquier país de América, al dejar su tierra en busca de un mundo mejor.

Esto recuerda a los "Balseros", los millares que abandonaron la isla en precarias embarcaciones. Varios miles murieron en ese empeño en el Golfo de México, situación que en la opinión de muchos analistas refleja la desesperanza con su futuro del pueblo cubano porque un pueblo feliz no abandona en masa a su país, como ejemplifican las corrientes migratorias de estas seis décadas[29].

La represión sistemática, el abarrotamiento de las prisiones, el control absoluto de los medios informativos y de la economía,

junto a la propagación de un sentimiento de indefensión y desesperanza cundió en la sociedad, no obstante, la resistencia no se
extinguió, durante años, en unas catacumbas virtuales, los so-
brevivientes preservaron y laboraron discretamente por conservar
su libertad y no perder la percepción de sus derechos.

Fue peligroso, lento, agotador. A veces la familia no entendía y
los amigos más próximos tampoco. Era un predicar sobre arenas
calientes en las que rebotaban palabras que podían conducir a la
cárcel, en la que miles de hombres cumplían condenas superiores
a los 20 años, sin embargo, lo peor era la soledad, la incom-
prensión y la maledicencia, porque hería saber que el cinismo
reinaba sobre las mayorías.

Sin embargo, el agotamiento del discurso oficial y la compren-
sión de la realidad motivaron el surgimiento de nuevos laborantes
que crearon novedosas fórmulas y estrategias que sin procurar
el fin del orden establecido, lo atacaban y demandaban un respeto
a la dignidad humana que afectaba la propia naturaleza del sistema.

Muchas personas que habían simpatizado con la Revolución y
que habían desarrollado en su mayoría una vida productiva en
las esferas gubernamentales, fueron a prisión por el simple hecho
de disentir del pensamiento oficial, cuestionar una orden o poner
en duda la efectividad de una decisión.

Esa fue la experiencia que vivieron los hombres y mujeres que
siendo revolucionarios, algunos militantes del Partido Socialista
Popular, PSP (comunista), fueron acusados despectivamente por
Fidel y Raúl Castro como miembros de una "Microfracción"[30].
Estos individuos en la cárcel tuvieron tiempo para meditar. Re-
flexionar sobre la realidad y evaluar el rumbo que llevaba la des-
calabrada República dirigida por un fundamentalista del poder.

Dos de estas personas, Ricardo Bofill y Eddie López Castillo, ingresaron a la prisión de La Cabaña donde entraron en contacto con prisioneros que llevaban varios años en la cárcel y que procedían de la lucha armada.

Las charlas de Bofill y Castillo con hombres como Andrés Vargas Gomes, el comandante Ramón Güin y Ernesto Díaz Rodríguez, les permitieron apreciar con más precisión el pasado reciente de Cuba, evaluar las formas de lucha desarrolladas hasta ese momento y la necesidad de gestar otros métodos de confrontación que aunque no fueran inéditos, se ajustaran más a las estrategias de lucha que ellos consideraban viables en la Isla.

A mediados de la década del 70 se fundó en La Habana el Comité Cubano Pro Derechos Humanos, una idea de Eddie López Castillo, en la que participaron la doctora Marta Frayde, Ricardo Bofill, Gustavo Arcos Bergnes, Jesús Yánez Pelletier, Sebastián Arcos y Elizardo Sánchez Santa Cruz. El propósito expreso de la organización, primera de su tipo que se creaba en Cuba después de instaurado el régimen totalitario, era hacer conocer la Declaración Universal de los Derechos Humanos y defender públicamente los 30 principios enunciados en la misma.

Esas formas evolucionaron y de esos grupos de reconocidos defensores de los derechos humanos, surgieron organizaciones de la sociedad civil que demandaban reformas y cambios dentro del propio sistema, situación que paulatinamente evolucionó a posiciones más radicales exigiendo el fin del totalitarismo.

En los años ochenta el movimiento contestario generó instituciones como la Liga Cívica Martiana, cuyo objetivo era informar a los cubanos sobre sus derechos, a la vez que demandaba la amnistía de todos los presos políticos.

Poco después se constituyó Natur-Paz, otro aparato de la incipiente sociedad civil, que estaba en sintonía con los criterios
mundiales de respetar el medio ambiente y proteger la naturaleza
y en esta misma idea de universalidad, a pesar del estricto control
de la información y aislamiento, se fundó el Instituto de Inter-
cambio Cultural Cubano Americano, Proyecto Cambio 2000.

Avanzada la década tuvo lugar un evento de particular importan-
cia que propició que dentro y fuera de la Iglesia se dirimieran
criterios sobre la realidad de la Isla. Cuando el Encuentro Nacional Eclesial Cubano se celebró en La Habana, la cantidad de
personas que iban a la Iglesia había aumentado drásticamente,
hecho que demostraba que las propuestas castristas de un mundo
mejor no se correspondían con la realidad, a la vez que muchos
ciudadanos estaban saliendo de la parálisis moral y física en la
que se habían postrado.

En este evento un joven, Osvaldo Payá Sardiñas, presentó el
tema "Fe y Justicia" que defendía el derecho de los católicos a
practicar su fe con absoluta libertad y llamaba a la Iglesia a defender los derechos de los cubanos y denunciar las injusticias.
Poco después, 1987, junto a un grupo de laicos, entre los que se
encontraban los doctores Santiago Cárdenas y Rolando Sabin,
fundó en la parroquia del Cerro, la "Peña del Pensamiento Cubano".

Otro hito en esta nueva estrategia fue la constitución de la Comisión Cubana de Derechos Humanos y Reconciliación Nacional, que se proponía la protección de los derechos humanos, la
difusión de esos derechos en la isla y promover la asistencia legal
gratuita a quienes la requirieran. La nueva organización, dirigida
por Elizardo Sánchez Santa Cruz y Gerardo Sánchez Santa Cruz,
retó al régimen al solicitar su reconocimiento oficial, un derecho

que le fue negado.

El Comité Cubano Pro Derechos Humanos inició una serie de actividades que reflejaban las ideas y compromisos contraídos por sus miembros cuando en uno de sus primeros actos públicos convocó a una oración solemne en la iglesia de San Juan de Letrán, La Habana, en memoria del sacerdote polaco asesinado Jerzy Popieluzko[31].

Posteriormente emitió un documento titulado "Protesta de La Habana", en el que se denunciaban los crímenes del régimen contra los derechos humanos y demandaba el cambio de gobierno como única fórmula para que en Cuba se pudiera lograr el respeto a la Declaración Universal de los Derechos Humanos.
En otra actividad en el aniversario de la promulgación de la Declaración Universal de los Derechos Humanos, el CCPDH, trasmitió vía Radio Martí una grabación que fue la primera emisión de una información procedente desde Cuba que se difundió por esa emisora.

Por otra parte, en una toma de nuevos rumbos y repitiendo los retos al gobierno, se celebró en la casa de Tania Díaz Castro un encuentro denominado "Coloquio en La Habana", en el que participaron varios disidentes, entre ellos, Ricardo Bofil, Rolando Cartaya, Reinaldo Bragado Bretaña, y la propietaria de la vivienda. El encuentro también fue trasmitido por Radio Martí.

La residencia de Díaz Castro fue también la sede de una de las primeras conferencias de prensa que ofreció el movimiento disidente cubano. Durante la entrevista se ofreció información sobre fusilamientos, encarcelamientos arbitrarios y desaparecidos en Cuba.

El esfuerzo, al principio individual, por rescatar la dignidad personal y nacional, dio origen a movimientos sectoriales que reclamaban espacios para ejercer la profesión sin las restricciones impuestas por el régimen. Así fue como surgió el periodismo independiente, pedagogía independiente, bibliotecarios y otros proyectos naturales en una sociedad democrática pero que en Cuba habían desaparecido y seguían prohibidos. Alrededor del defensor solitario y aislado se crearon minúsculas agrupaciones que fueron desarrollándose y multiplicándose con el tiempo.

Por otra parte, los valores cristianos que habían sido retirados de la vida pública por el régimen, dieron una señal de sobrevivencia y compromiso cuando se constituyó por la señora Maria Valdés Rosado en la capital, un ilegal Movimiento Demócrata Cristiano. El objetivo de esta agrupación era ayudar a los prisioneros políticos y sus familiares, una realidad considerada tabú en la sociedad cubana, a la vez que se comprometían a promover cambios políticos en Cuba. Posteriormente surgieron otros proyectos como la Asamblea para Promover la Sociedad Civil y Concilio Cubano, junto a la celebración de eventos de gran significado para el fortalecimiento de la oposición.

La madurez en los propósitos no fue fácil. Tuvieron que romper con los miedos pero también con los símbolos. La sustitución de la Patria por la Revolución se infiltró en la conciencia ciudadana y atacar una, era denigrar de la otra. Un juego sucio pero hábil del régimen, por eso la mayoría de aquellos primeros críticos que fueron sustantivados como disidentes, decían no querer el fin del sistema, solo reformas.

En ocasiones, las denuncias que proferían eran apuntaladas en ataques contra todo lo que antagonizara directamente al régimen. A veces lo hacían por convicción, otras por pura sobrevivencia.

Llamaba la atención la religiosidad de muchos de los protestantes. De un mundo oficialmente ateo, de una educación que rechazaba la existencia de Dios, surgían individuos orgullosos de su fe. Sujetos que como consecuencia de la frustración, buscaban en un ser superior respuestas cada días más ausentes en un régimen que junto a las promesas de una vida mejor, escamoteó la confianza de los ciudadanos, dejando solo frustración y amargas decepciones.

La audaz y novedosa estrategia escaló en sus propósitos y se constituyeron agrupaciones de periodistas independientes, colegios de pedagogos, bibliotecas independientes, cooperativas de campesinos, agencias de periodismo independiente y otras muchas asociaciones que procuraban quebrar el cerco del totalitarismo.

Una circunstancia particularmente relevante fue, 1988, la fundación del Partido Pro Derechos Humanos de Cuba, que agregaba a la ya proclamada defensa de la Declaración Universal de los Derechos Humanos el compromiso de procurar una nación libre. Los inspiradores de esta idea, que de cierta manera rompía los moldes que la oposición se había impuesto hasta ese momento, fueron entre otros, Samuel Martínez Lara y Ricardo Bofill.

Un resultado altamente satisfactorio de la casi anónima labor que realizaban los activistas en Cuba –procurar la mayor cantidad de información posible sobre la violación de los derechos humanos, así como la habilidad de coordinar su trabajo con militantes de la causa democrática radicados en el exterior– fue que el embajador de Estados Unidos ante la Comisión de Derechos Humanos de Naciones Unidas, el ex preso político Armando Valladares, lograra que una comisión de ese organismo internacional nombrara un representante a cargo de una Delegación que tendría como mandato visitar Cuba y comprobar el estado de los derechos humanos en la isla.

El Comité Cubano Pro Derechos Humanos entregó en La Habana a la Comisión de Derechos Humanos de Naciones Unidas, un documento titulado Informe Acusatorio al Régimen Estalinista de Cuba. El documento contaba con 511 páginas y 349 denuncias. La delegación de Naciones Unidas estuvo presidida por el embajador de Senegal, Alioune Sene.

De acuerdo a la relación que aparecía en el informe de la UNHRC, 1,622 personas hicieron acto de presencia en el Hotel Comodoro de la capital cubana para presentar denuncias contra el régimen. Los denunciantes fueron asesorados por varios miembros del Comité Cubano Pro Derechos Humanos.

Como consecuencia de la coordinación entre activistas radicados dentro de Cuba y en el exterior, pero en particular por la constancia y valor del Comité Cubano Pro Derechos Humanos, en la Cuadragésima Quinta sesión de la Comisión de Derechos Humanos de Naciones Unidas, se presentó un informe de 400 páginas, el mayor y más documentado de toda la historia de la UNHRC.

El documento incluía un resumen de los alegatos de denuncias, presentados por el Comité Cubano Pro Derechos Humanos; tal trabajo hizo posible que el gobierno de Cuba fuera censurado por la Comisión.

Es justo agregar que si en las primeras décadas el exilio envió combatientes a la isla, como fueron los casos, entre muchos, de Tony Cuesta, expedición en la que perdieron la vida varios combatientes por la libertad, y otros fueron gravemente heridos, como el propio Cuesta y Eugenio Zaldívar, en la actualidad la lucha continúa, los métodos pueden cambiar, pero el compromiso no.

Los cubanos exiliados no han cejado en su compromiso de trabajar a favor de la Libertad y la Democracia. Han seguido combatiendo el totalitarismo en el Siglo XXI, ya sea participando en foros internacionales como las reuniones de la Comisión de Derechos Humanos de Naciones Unidas en Ginebra, donde entidades como MAR por Cuba y el Directorio Democrático Cubano denuncian los crímenes de la dictadura, o actuando igualmente con firmeza ejemplar en otros foros y directamente contra la dictadura, como han hecho siempre, desde que se constituyeron, organizaciones como Plantados hasta la Libertad y la Democracia en Cuba, la Fundación Nacional Cubano Americana, La Junta Patriotica Cubana, Alpha 66 y muchas más que harían esta relación demasiado extensa.

En la isla, a pesar de los fracasos y la continua represión, surgieron más hombres y mujeres libres. Marta Beatriz Roque Cabello, Laura Pollan, Oscar Elías Biscet, Guillermo Fariñas, Premio Sajarov 2010; Jorge Luis Garcia Perez "Antúnez", José Daniel Ferrer y Félix Navarro Rodríguez, una lista de valientes que antes y después de los apresamientos masivos de la Primavera Negra Cubana de 2003 siguen luchando por sus convicciones.

Un singular movimiento humanista es las Damas de Blanco, merecedor del prestigiosos Premio Sajarov que previamente había obtenido Osvaldo Paya Sardiñas, un hombre de profunda fe en los cubanos, que hizo historia con el Proyecto Varela, muerto en un incidente que apunta que fue provocado por el castrismo.

Por otra parte, era una penosa realidad que el castrismo demostraba una gran capacidad de maniobras y que tenía el control del país, razón por la cual la URSS durante décadas le prestó un apoyo multimillonario en el aspecto económico y militar. Decenas de miles de millones de dólares fueron dilapidados por los funcionarios del castrismo, la ineficiencia en la gestión económica era impresionante, resultado que chocaba frontalmente con lo eficaz que era la policía política en reprimir a la población y mantenerla bajo control, misión que cumplía simultáneamente con la orquestación de un aparato subversivo internacional y su participación en las guerras africanas, como veremos más adelante.

En la isla, como expresamos con anterioridad, se establecieron campos de entrenamientos en los que se alistaban guerrilleros y grupos terroristas, también se montó un aparato político e ideológico con el fin de preparar individuos que laborarían por la subversión y la desestabilización de sus respectivos países hasta la toma del poder. Estos sujetos eran también la primera frontera, el escudo que usaba el castrismo para protegerse de cualquier represalia procedente del exterior, base importante de una política clientelar que le ha hecho posible intentar desestabilizar estados que puedan asumir un rol protagónico en su contra.

Esta intromisión en los asuntos internos de otros países de un gobierno que se decía abanderado de la No Intervención fue reconocida por el propio Castro en junio de 1998 en una convención de economistas en La Habana. Por décadas negó haber auspiciado el espionaje, las guerrillas y el terrorismo.

El castrismo fundó organismos subversivos de carácter internacional. Estas entidades fueron tan perniciosas a la libertad como las Internacionales del marxismo de las primeras décadas del siglo XX. La Habana fue la dueña de las corporaciones subversivas llamadas OLAS, OSPAAL y la Conferencia Tri-Continental, la joya de la subversión mundial.

Venezuela, la principal víctima transnacional del castrismo, fue objeto de múltiples agresiones de parte de la dictadura insular. El fusilado general cubano Arnaldo Ochoa, acusado de narcotráfico, actividad en la que se afirma estaban involucrados los hermanos

Castro, desembarcó con armas y hombres por la playa de Tucacas. La zona de Machurucuto también fue escenario de invasiones castristas, por allí operó entre otros el general Ulises Rosales del Toro.

La proyección hegemónica de Fidel Castro no se saciaba con desestabilizar América. Envió tropas a Argelia para combatir a los marroquíes. Mandó hombres a Siria para que enfrentaran a los israelíes, todo para extender su influencia y convertirse en un factor determinante en la política internacional.

Sin embargo, fue en África donde puso en ejecución su plan maestro de subvertir y ocupar territorios como si Cuba fuera una nueva Roma o más apropiadamente una réplica del Tercer Reich de Adolfo Hitler, por lo que se puede afirmar que la última tropa de habla hispana con actuaciones imperiales fueron las cubanas, no las españolas.

En África, la proyección de los Castro fue diferente. No era subvertir y que sátrapas gobernaran en su nombre. Cuba ocupó militarmente Angola y Etiopia, también lo intentó en otros países de ese continente. Miles de soldados de la isla abonaron con su sangre tierras africanas para que Fidel Castro pudiera saciar sus apetitos imperiales, proyecto que fue contrarrestado por cubanos libres que partiendo de Estados Unidos combatieron en el Congo y en Angola a los mercenarios del castrismo.[32]

La capacidad de maniobras del régimen cubano no tiene precedentes en este hemisferio. El castrismo en primera instancia buscó asociarse con sus pares ideológicos o quienes se les aproximaran políticamente a sus proyectos, no obstante, tampoco descuidó a los militares que por diferentes motivos podrían ser potenciales aliados, de ahí su fuerte coalición con el general peruano Juan Velasco Alvarado y los generales panameños Omar Torrijos y Manuel Noriega, sin pasar por alto sus complicidades con la Junta Militar Argentina, en la Comisión de Derechos Humanos de Naciones Unidas que sesionaba en Ginebra, en particular, cuando el país sudamericano fue gobernado por el general Leopoldo Galtieri.

Si difícil es aceptar que muchos dirigentes políticos, sociales e intelectuales no sean capaces de apreciar el aura de mentiras y fantasías que envuelve al totalitarismo cubano, todavía es más desalentador que a pesar del anacronismo de ese Proyecto y sus innumerables fracasos, el cáncer del castrismo haya sido capaz de hacer metástasis en los regímenes de Hugo Chávez y Nicolás Maduro, Evo Morales, Daniel Ortega y en su momento en el Ecuador de Rafael Correa y además, de haber contaminado a algunos otros dirigentes del hemisferio.

Se ha intentado presentar un cuadro histórico que refleja lo esencial de la problemática castrista, pero es necesario revisar cuál es el legado de un régimen unipersonal que se condujo todo el tiempo desde una perspectiva teocrática porque el caudillo siempre procuró vivir en un mito de sacrificio constante, soledad productiva, de hombre sin familia, sin debilidades ni compromisos que pudieran perturbar su Omnisciencia, Infalibilidad y Omnipresencia; así se presentó al mundo desde el primero de enero de 1959 hasta el día de su muerte el 25 de noviembre de 2016.

El legado del castrismo es negativo, salvo en la dimensión de que los ciudadanos hayan aprendido la lección y nunca más se dejen convencer de que el mesianismo tiene espacios en la política.

El futuro de la nación cubana está muy amenazado y corroído por las enseñanzas y prácticas del totalitarismo y por el intento sistemático y permanente de parte de las autoridades de eliminar los valores cristianos del inventario nacional.

La crisis de civilidad entre los cubanos es muy profunda, las tradiciones y costumbres han sido alteradas cuando no erradicadas. Las normas de convivencia, respeto a las discrepancias y hasta las de urbanidad han sido execradas por el gobierno, situación que se aprecia en la gestión de amplios sectores de la población que se han adecuado a una conducta de doble moral que sintetizan en la palabra "resolver".

El "Crimen Moral" de la dictadura es tan amplio y profundo que han generado su propio vocabulario. A las prostitutas se les dice "Jineteras", a los desempleados "Interruptos" y los que se oponen al gobierno son "Enemigos de la Patria".

Las secuelas de un sistema excluyente como el que han tallado los Castro en la Cuba en estas últimas décadas, son muy perniciosas, particularmente para los cubanos, también para aquellos pueblos que han copiado sus propuestas y seguido su ejemplo. Los civilistas de la isla tienen un gran trabajo por delante. Derrocar el sistema y laborar para que los ciudadanos adquieran conciencia de sus derechos, al igual que de sus deberes.

Lo peor de esta herencia totalitaria no es el desastre económico o los anhelos frustrados, ni aun las vidas perdidas, sino el robo cometido contra el futuro de la nación al eliminar las esperanzas y corromper a un amplio sector de la ciudadanía. Reconstituir el país será costoso en todas las instancias. Será un trabajo duro y arduo que demandará el concurso de todos los que tengan la voluntad y el coraje suficiente para levantar a Cuba desde las ruinas que la asfixian.

Por todas las razones antes expuestas es fundamental que los crímenes del castrismo no queden sin castigo, es necesario hacer justicia para reivindicar a todos los que han sido víctimas del totalitarismo, es vital para la permanencia de nuestros valores como ciudadanos libres promover la discusión sin ambages de ninguna clase, debatir en foros y congresos, de un extremo a otro del hemisferio, las causas y consecuencias de la irresponsabilidad ciudadana cuando permiten gobernar a un tirano, además, el nivel de complicidad de los gobiernos que aceptan que uno de sus pares viole los derechos y prerrogativa de los ciudadano vecinos. Debemos asumir la Responsabilidad de Proteger y no la comodidad de esconder la cabeza en la arena cuando un depredador está haciendo de las suyas en la casa vecina, porque como expresara Jose Martí, "Ver con calma un crimen es cometerlo."

Pedro Corzo
Mayo 2019.

Referencias

[1] Contra el gobierno del general Fulgencio Batista operaron varios grupos insurrectos pero el más capaz, mejor organizado y con un arraigo más profundo y extendido, fue el M26J. Otras organizaciones que enfrentaron al régimen militar fueron, entre otras, el Directorio Revolucionario 13 de Marzo, Segundo Frente Nacional del Escambray, Organización Autentica, Triple A y varias entidades más.

[2] El general Fulgencio Batista organiza un golpe militar contra el gobierno constitucional del presidente Carlos Prío Socarrás a pocos meses de elecciones generales.

[3] La Constitución de 1940, entró en vigor el 10 de octubre de 1940. Estuvo principalmente influenciada por las ideas que inspiraron el derrocamiento del general Gerardo Machado y Morales y la subsiguiente situación que se conoció en el país como la Revolución de 1933. Esta Carta Magna fue considerada una de las más progresista de la época por los problemas sociales que enfrentaba, presentando respuestas para los mismos.

[4] El capitán Nazario Sargent, oficial del Segundo Frente del Escambray, relata al autor en una entrevista para el libro, "Guevara, Misionero de la Violencia", que Guevara llegó a las montañas villareñas auto nombrándose comandante en Jefe del Escambray, desconociendo las fuerzas insurgentes que operaban en esa región desde hacía más de un año. Tal planteamiento provocó una fuerte discusión entre Guevara y el comandante Jesús Carrera, quien fuera fusilado por orden de Guevara en marzo de 1961.

[5] El 9 de abril de 1958 el M26J convoca a una huelga general en todo el país con el fin de derrocar el régimen de Batista. La huelga no era precisamente laboral, su objetivo era extender la rebelión armada a todo el país hasta lograr el derrocamiento del

régimen. La huelga fracasó y fue brutalmente reprimida. Este fracaso fue usado por Fidel Castro para someter incondicionalmente a los dirigentes de la clandestinidad del movimiento.

[6] Fusilamientos masivos sin respetar el debido proceso. El doble juicio a los pilotos aviadores del régimen anterior. El golpe de estado contra el presidente Manuel Urrutia. El enjuiciamiento y prisión de Huber Matos y sus compañeros. Manipulación de las elecciones Universitarias. El X Congreso de la Central de Trabajadores de Cuba, CTC.

[7] Moncadista. Definición del grupo de oficiales y dirigentes del M26 de Julio más conservador e intransigente.

[8] Cuba contaba con una amplia red de emisoras de radio y televisión, así como de prensa escrita, medios que fueron usados por el régimen castrista para promover la figura de Fidel Castro y sus propuestas, así como los planes de la Revolución, todo esto marcado con un lenguaje fuerte y agresivo que intimidaba al receptor.

La televisión sale al aire en Cuba en 1950, con el Canal 4, un año más tarde empezó a trasmitir el canal 6 o CMQTV. Cuba fue pionera en Latinoamérica en televisión.

En 1958 el país contaba con 25 transmisores de televisión, instalados en La Habana, Matanzas, Santa Clara, Ciego de Ávila, Camagüey, Holguín y Santiago de Cuba.

[9] El coronel Ramón Barquín, líder de la Conspiración de los Puros, 1956, militares complotados contra Fulgencio Batista, sostiene que los muertos durante la insurrección contra Batista fueron menos de 2800 y el profesor Armando M. Lago, dice que la cifra fue de 2,741.

[10] La lucha en la Sierra Maestra ha sido presentada falsamente como una epopeya para así promover el genio militar de Fidel Castro. Está históricamente demostrado que el proceso de confrontación contra el régimen de Batista fue mucho más cruento en las ciudades que en la Sierra.

[11] En reservas de oro, dólares y valores convertibles en 1958,

Cuba ocupaba el tercer lugar en Latinoamérica detrás de Venezuela y Brasil y presentaba la tasa de inflación más baja de América Latina con el 1,4 por ciento. Según el profesor Carmelo Mesa-Lago, en 1958 el PIB per cápita de Cuba era el tercero más alto de América Latina, solo superado por Venezuela y Uruguay.

[12] Los medios informativos del régimen mostraban fotografías de los ejecutados. Uno de los casos emblemáticos fueron los fusilamientos en la Loma de San Juan, Santiago de Cuba, 72 personas fusiladas en la madrugada del 11 de enero de 1959 por orden directa de Raúl Castro.

[13] José Illán. "Pedro, nos debatíamos entre el miedo y la esperanza". Conversación en un programa radial, "La Peña Azul", conducido por el doctor Salvador Lew y Pedro Corzo, trasmitido por Radio La Poderosa 670 en la ciudad de Miami.

[14] Discurso de Fidel Castro el 26 de Julio de 1960 en las estribaciones de la Sierra Maestra.

[15] Carta a Celia Sánchez Manduley, junio de 1958.

[16] Numerosos soldados y oficiales del ejército de Cuba incursionaron en Venezuela, Argentina y Bolivia, al igual que en el resto de los países del hemisferio, muriendo algunos de ellos en las misiones que le asignaba el régimen castrista.

[17] El 17 de septiembre de 1961 la dictadura castrista expulsó de Cuba a 136 sacerdotes. Fueron detenidos en sus iglesias y conducidos al barco español Covadonga. Entre los sacerdotes desterrados se encontraba el obispo Eduardo Boza Masvidal y el obispo auxiliar de Miami, Agustín Román.

[18] Cubaencuentro. Oscar Espinoza Chepe. 27.3.2012

[19] Eduardo Cardet fue detenido en noviembre de 2016, casualmente días después de la muerte de Fidel Castro y cuando era el reciente coordinador nacional del Movimiento Cristiano Liberación en sustitución del poco antes fallecido Oswaldo Payá. Está acusado de haber ofendido a Castro tras su fallecimiento.

Melkis Faure, activista de UNPACU, madre de tres hijos, sentenciada a siete años de cárcel, 2016, por protestar por el encarcelamiento de activistas pro derechos humanos.

[20] Orlando Zapata Tamayo fue un cubano albañil y vinculado a la disidencia política al régimen de su país. Alcanzó relevancia tras protagonizar una huelga de hambre de 86 días, mientras se encontraba encarcelado, que le llevó a la muerte. Amnistía Internacional le consideraba un preso de conciencia.

[21] Willman Villar Mendoza era un joven cubano de 31 años. En noviembre de 2011 fue apresado y condenado a cuatro años de prisión por manifestar pacíficamente su desacuerdo con la dictadura. En la prisión hizo una huelga de hambre para protestar en contra de la condena que se le impuso. Cincuenta días más tarde falleció por falta de atención médica y maltratos sin que sus verdugos hicieran caso de sus derechos.

[22] Juan Wilfredo Soto García, "El Estudiante", falleció el domingo 8 de mayo del 2011 en el hospital Armando Milián de Santa Clara, a consecuencia de las lesiones que le produjeron efectivos de la policía el 5 de mayo al propinarle una feroz golpiza.

[23] Humberto Sori Marín. Auditor General del Ejército Rebelde. Ministro de Agricultura. Herido en un enfrentamiento con las fuerzas de seguridad del régimen, fue fusilado en abril de 1961.

[24] Pedro Luis Boitel. Dirigente estudiantil. Aspiró a la presidencia de la FEU, fue traicionado por el liderazgo del M26J, arrestado por conspirar contra el régimen, murió en una huelga de hambre en la prisión del Castillo del Príncipe en mayo de 1962.

[25] Bajo el liderazgo de Alberto Muller, Juan Manuel Salvat, secretario de la facultad de Ciencias Sociales de la Federación Estudiantil Universitaria de la Universidad de La Habana; Joaquín Pérez Rodríguez, secretario de la facultad de Agricultura de la Federación Estudiantil Universitaria de la Universidad de La Habana; Antonio García Crews, dirigente de la Agrupación Católica Universitaria y estudiante de Economía en la Universidad de La Habana; y Roberto Borbolla, presidente de la Asociación de Es-

tudiantes de la Universidad de Villanueva, un grupo de estudiantes efectuó una protesta contra la presencia del jerarca soviético, lo que generó un enfrentamiento con la policía que realizó numerosos disparos y arrestó a varios de los manifestantes.

[26] Brigada 2506. Un contingente de cubanos armados, aproximadamente 1500, desembarcaron en Cuba con el objetivo de derrocar el régimen. La brigada combatió por tres días hasta el final de sus municiones.

[27] Crisis de los Misiles. Fidel Castro permitió a la Unión Soviética desplazar en Cuba misiles de alcance intermedio con capacidad nuclear.

[28] Carta de Fidel Castro a Nikita Jruschov el 26 de octubre de 1962.

[29] 1959. Primera corriente migratoria cubana. 1965, salida por Camarioca, lo que dio origen a los conocidos vuelos de la libertad, un puente aéreo entre Cuba y Estados Unidos. 1980, el Éxodo de El Mariel. 1994. Crisis de los Balseros. 60 años después numerosas personas, fundamentalmente jóvenes, siguen abandonando la isla en precarias balsas.

[30]Lo primero que se habló oficial y públicamente de ellos, lo dijo Raúl Castro, en enero de 1968, durante un pleno del Comité Central: "A mediados de 1966, concurre información de varias vías, todas confiables, que nos hacían suponer la existencia de una corriente de oposición ideológica a la línea del Partido. No provenía precisamente de las filas enemigas, sino de gente que se movía dentro de las propias filas de la revolución, actuando desde supuestas posiciones revolucionarias". La purga fue severa. Muchos cumplieron años de cárcel. Ninguno fue rehabilitado. Luis Cino, Cubanet.

[31] Jerzy Popiełuszko, 1947-1984). Sacerdote católico polaco, asociado con el sindicato Solidaridad. Fue asesinado por el servicio comunista de inteligencia dirigido por los soviéticos.

[32] Cubanos combatiendo el castro comunismo en África. Pedro Corzo.